글 노정임

논픽션 어린이책을 편집하고 기획하는 일을 하고 있어요.
그동안 기획하고 글을 써서 펴낸 책으로 《꽃이랑 소리로 배우는 훈민정음 ㄱㄴㄷ》, 《아침에 일어나면 뽀뽀》, 《개미 100마리 나뭇잎 100장》, 《애벌레가 들려주는 나비 이야기》, 《무당벌레가 들려주는 텃밭 이야기》, 《겨울눈이 들려주는 학교 숲 이야기》, 《우리가 꼭 지켜야 할 벼》, 《우리 학교 텃밭》, 《동물원이 좋아?》 등이 있습니다.

그림 안경자

산 좋고 물 맑은 충청북도 청원에서 태어났습니다. 대학교에서 서양화를 공부한 뒤 어린이들에게 그림을 가르쳤어요. 지금은 식물 세밀화와 생태 그림을 그리고 있답니다. 숨어 있는 곤충이나 작은 풀 들을 잘 찾아내서 주위 사람들을 깜짝 놀라게 하지요. 할머니가 되어서도 자연의 아름다움을 그리는 것이 꿈이랍니다.
《풀이 좋아》, 《세밀화로 그린 보리 어린이 풀 도감》, 《찔레 먹고 뿌지직!》, 《꽃이랑 소리로 배우는 훈민정음 ㄱㄴㄷ》, 《아침에 일어나면 뽀뽀》, 《개미 100마리 나뭇잎 100장》, 《애벌레가 들려주는 나비 이야기》, 《무당벌레가 들려주는 텃밭 이야기》, 《우리가 꼭 지켜야 할 벼》, 《우리 학교 텃밭》 등에 그림을 그렸습니다.

감수 이정모

연세대학교 생화학과를 졸업하고, 같은 학교 대학원에서 석사 학위를 받았습니다.
독일 본대학교 화학과에서 '곤충과 식물의 커뮤니케이션'에 관한 연구를 했으며, 안양대학교 교양학부 교수로 일했습니다.
옮긴 책으로 《인간 이력서》, 《인간, 우리는 누구인가?》, 《매드 사이언스북》, 《마법의 용광로》 등이 있으며, 글을 써서 펴낸 책으로는 《달력과 권력》, 《해리포터 사이언스》 등이 있습니다. 현재 서울 서대문자연사박물관 관장으로 재직 중이며, 강연 등을 통해 어린이들을 직접 만나 과학에 대한 이야기를 들려주는 일도 즐겁게 하고 있습니다.

동물이랑 식물이 같다고요?! 비교하며 배우는 생물학의 기초

초판 1쇄 발행 | 2013년 2월 25일
초판 12쇄 발행 | 2025년 4월 25일

글쓴이 | 노정임
그린이 | 안경자
감수자 | 이정모

펴낸이 | 조미현
책임편집 | 황정원
디자인 | 류미영

펴낸곳 | (주)현암사
등록 | 1951년 12월 24일 · 제10-126호
주소 | 04029 서울시 마포구 동교로12안길 35
전화 | 02-365-5051 · 팩스 | 02-313-2729
전자우편 | child@hyeonamsa.com
홈페이지 | www.hyeonamsa.com
인스타그램 | www.instagram.com/hyeonam_junior
블로그 | blog.naver.com/hyeonamsa

ISBN 978-89-323-7344-7 73400

* 이 책은 저작권법에 따라 보호를 받는 저작물이므로 저작권자와 출판사의 허락 없이 이 책의 내용을 복제하거나 다른 용도로 쓸 수 없습니다.
* 책값은 뒤표지에 있습니다. 잘못된 책은 바꾸어 드립니다.
* 현암주니어는 (주)현암사의 아동 브랜드입니다.

비교하며 배우는 생물학의 기초

동물이랑 식물이 같다고요?!

글 | 노정임   그림 | 안경자   감수 | 이정모

현암
주니어

'생물'이 무엇일까요?
동물과 식물을 생물이라고 해요.
생물은 '살아 있는 것'이란 뜻이랍니다.
동물이랑 식물은 똑같은 점이 있어요.
모두 생물이니까요!

동물

동물이랑 식물이 같다니, 믿을 수 없다고요?
무엇이 같은지 이제부터 하나씩 알아보자고요.

식물

생물은 모두 밥을 먹어요.
동물과 식물이 살아가려면 음식,
그러니까 영양분을 몸에 채워 넣어야 해요.

동물은 밥을 먹어요.
모두 잘 알고 있지요?
먹지 않고 사는 동물은
없어요.

식물도 밥을 먹느냐고요?
그럼요! 입은 없지만.

식물은 햇빛을 먹어요.

식물은 잎으로 햇빛, 물, 이산화탄소를 빨아들여요. 이 세 가지가 섞이고 합쳐지면서 영양분으로 바뀐답니다.

해를 꿀꺽!

녹색을 띠는 잎

햇빛, 물, 이산화탄소를 빨아들이는 일은 식물의 잎에서 해요. 녹색을 띠는 엽록소를 통해 햇빛에서 얻은 에너지를 성장에 필요한 에너지로 바꿔요. 엽록소가 녹색이라서 잎은 녹색을 띠는 거예요. 엽록소가 하는 일을 '광합성'이라고 하지요.

다른 것을 먹는 기생 식물

광합성을 하지 않거나 적게 해서 다른 식물에 달라붙어야만 살 수 있어요. 다른 식물의 양분을 먹고산다고 '기생 식물'이라고 해요.

····새삼

생물은 모두 똥을 싸요.
소화시키고 남은 찌꺼기를
몸 밖으로 내보내는
'배설'을 하는 거예요.

동물은 똥을 싸요.
모두 잘 알고 있지요?
먹지 않고 사는 동물은 없는 것처럼
똥을 싸지 않고 사는 동물은 없어요.

또 다른 배설물들
땀, 오줌, 눈물도 배설물이에요.
똥, 땀, 오줌, 눈물은 모두 몸속에서 생긴 찌꺼기를 몸 밖으로 내보내는 거예요.

식물도 똥을 싸느냐고요?
그럼요! 냄새는 아주 다르지만.

식물은 '산소 똥'을 싸지요.

식물이 햇빛과 이산화탄소와 물로 영양분을 만들 때 산소도 생겨요. 식물은 쓰고 남은 많은 양의 산소를 밖으로 내보내요. 동물이 소화를 하고 찌꺼기를 똥이나 오줌으로 배설하는 것과 같아요. 식물에게 산소는 광합성을 하고 나온 찌꺼기라고 말할 수 있어요.

산소 똥

산소 똥

식물의 땀

식물도 땀을 흘려요.
식물은 잎의 기공(공기구멍)으로
언제나 물(수증기)을 내보내고
있는데, 날씨가 더울
때는 물을 더 많이
내보낸답니다.

산소똥
산소똥
산소똥
산소똥

생물은 모두 숨을 쉬어요.
동물과 식물이 살아가려면
'호흡'을 해야 하지요.

동물은 숨을 쉬어요.
모두 잘 알고 있지요?
공기 속의 산소가 몸을 움직이는 데에
꼭 필요하답니다.

'호흡'은 동물이 산소를 흡수하고 이산화탄소를 몸 밖으로 내보는 걸 말해요. 영양분을 에너지로 바꾸는 데는 산소가 필요해서 계속 호흡을 해야 해요. 동물은 숨을 멈추면 죽어요.

식물도 숨을 쉬냐고요?
그럼요! 코는 없지만,

잎의 기공으로 숨을 쉬어요.

식물은 잎으로 공기를 들이마셔요.
잎에 있는 작은 공기구멍(기공)이
동물의 코와 같은 역할을 해요.

기공이 열렸을 때
기공이 닫혔을 때
기공

기공을 확대해 본 모습
기공은 잎 뒷면에 있어요. 작아서 맨눈으로는 보이지 않지만 아주 많답니다. 잎 하나에 수천 개씩 있어요.

이산화탄소
산소
산소
이산화탄소

낮과 밤이 다른 식물의 호흡
식물은 낮에 쉬는 숨과 밤에 쉬는 숨이 달라요.
기공으로 산소와 이산화탄소가 들락날락하는데, 햇빛을 먹고 광합성을 하는 낮에는 산소가 나오고 이산화탄소가 들어가요.
반대로 밤에는 산소를 흡수하고 이산화탄소를 내놓아요.

쿵쿵

쿵쿵

동물들은 식물이 필요 없어서 내놓는 산소를 마시며 사는 거예요. 반대로 동물은 숨을 쉬면서 이산화탄소를 내놓는데, 식물은 이산화탄소를 흡수하여 영양분을 만들어요. 이렇게 모든 동물과 식물은 떨어져서 살 수 없어요.

생물은 모두 움직여요.
움직이는 모양새는 다르지만
꼼짝하지 않고 사는 동물과 식물은 없어요.

동물은 움직여요.
모두 잘 알고 있지요?
먹이를 찾아서, 또 안전한 곳을 찾아서
움직여야 해요.

동물들은 날기도 하고 뛰기도 하고 헤엄도 치고 꿈틀꿈틀 기어 다니기도 해요. 동물의 동 자는 한자로 '움직일 동(動)' 자를 쓰지요.

한곳에서 사는 붙박이 동물
어린 시절에 다른 모습으로 이리저리 돌아다니다가 어느 정도 자란 뒤에는 적당한 곳에 자리 잡고 식물처럼 한곳에 붙어살아요. 산호는 아주 오래전에는 식물인 줄 알았대요. 산호는 각자 살아가는 작은 폴립들이 모여서 이루어진 동물이에요.

식물도 움직이느냐고요?
그럼요! 느리긴 하지만.

뚜벅뚜벅 걷거나, 폴짝폴짝 뛰거나, 쌩쌩 나는 것은 아니에요.

햇빛을 따라 방향을 바꾸었어요. 햇빛이 있어야 광합성을 한다는 것을 알고 있지요? 햇빛을 잘 받으려고 해를 향해 움직인 거예요. 이처럼 거의 모든 식물은 햇빛이 비치는 방향으로 움직인답니다.

미모사

움직이는 식물들

미모사는 밤이 되면 스스로 잎을 접어요.
그리고 낮에도 건드리면 잎을 움츠리듯 접는답니다.
벌레잡이풀들은 무척 빨리 움직여요. 파리지옥은
파리가 잎에 닿으면 잎을 닫는 데 1초도 안 걸린답니다.
네펜데스도 벌레가 꽃 안으로 들어가면 금세
뚜껑을 닫지요. 민들레와 괭이밥은 낮에는 잎과 꽃을
펼쳤다가 밤이면 잎과 꽃을 접는답니다.

파리지옥

네펜데스

민들레

괭이밥

생물은 똑같이 생긴 새끼들을 만들어요.
자손을 퍼뜨리고 세대를 이어 가지요.
동물과 식물 모두 '번식'하면서 살아가요.

동물은 똑같이 생긴 동물을 만들어요.
모두 잘 알고 있지요?
어릴 때 모습은 다르다가 어른이 되면 똑같아지지요.

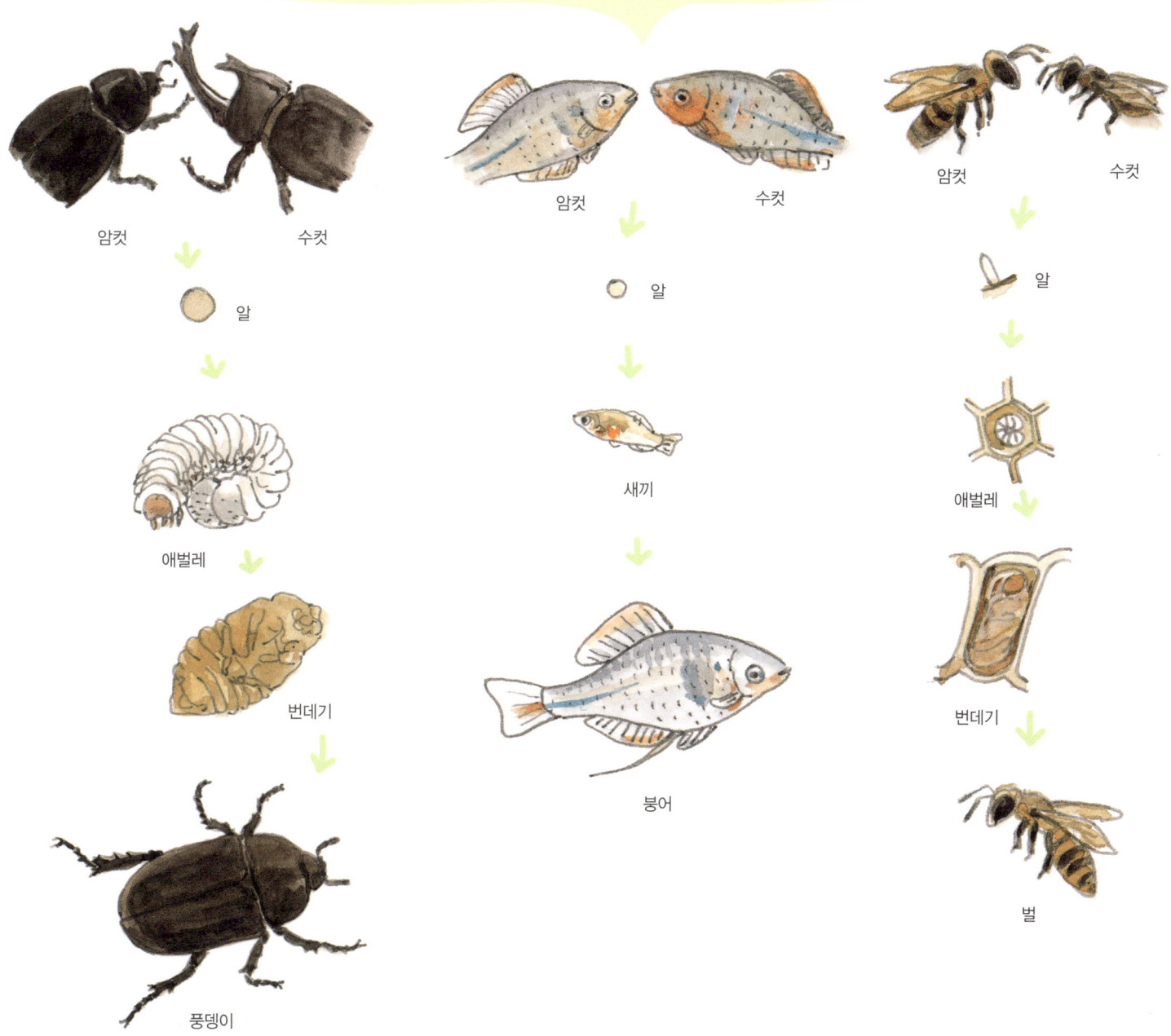

식물도 똑같이 생긴 식물을 만드느냐고요?
그럼요! 그래서 천년만년 이어 왔고,
앞으로도 이어 갈 거예요.

식물은 자손을 퍼뜨리기 위해 대부분 꽃을 피웁니다. 꽃 속에는 암술과 수술이 들어 있어요. 식물은 암술과 수술이 만나 결혼을 한답니다. 수술의 꽃가루가 암술과 만나고 나면 꽃은 지고, 그 자리에 씨가 맺혀요. 씨가 익어서 땅에 떨어지면 새싹이 돋아나요.

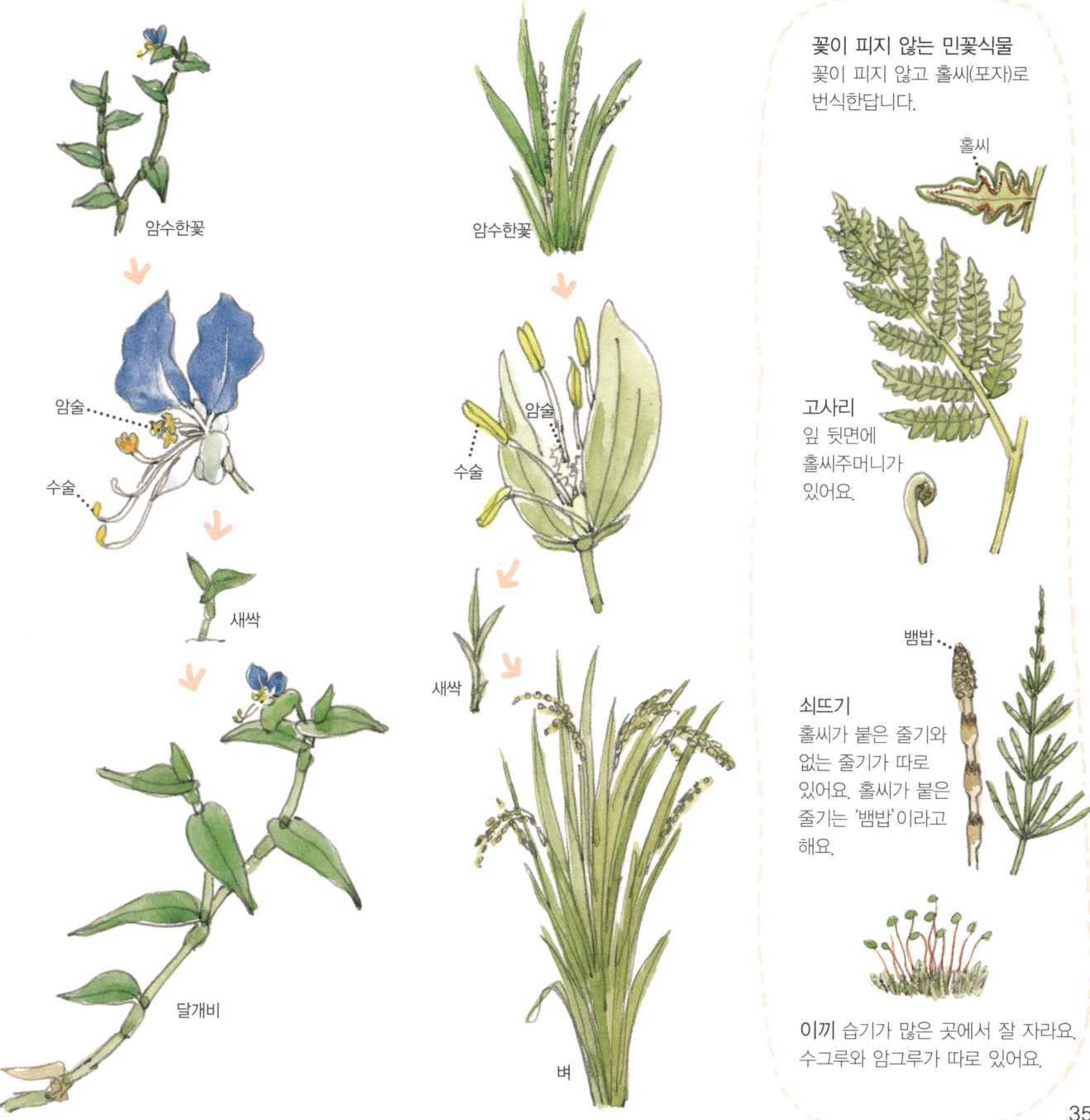

꽃이 피지 않는 민꽃식물
꽃이 피지 않고 홀씨(포자)로 번식한답니다.

고사리
잎 뒷면에 홀씨주머니가 있어요.

쇠뜨기
홀씨가 붙은 줄기와 없는 줄기가 따로 있어요. 홀씨가 붙은 줄기는 '뱀밥'이라고 해요.

이끼 습기가 많은 곳에서 잘 자라요. 수그루와 암그루가 따로 있어요.

동물과 식물은 겉모습은 닮은 구석이 하나도 없는데
모두 다 똑같이 먹고, 숨 쉬고, 움직이고, 땀을 흘리고,
자손을 퍼뜨려요.
또 무엇이 같을까요?

모든 생물은 자라요.
처음 태어날 때는 아주 작지만,
점점 쑥쑥 자라나지요.
이건 여러분도 이미 알고 있었지요?

모든 동물과 식물은 자라납니다. 어떤 생물은 일정한 크기까지 자라면 성장을 멈추지만, 어떤 생물은 살아 있는 동안 계속 성장해요.

그런데 왜 생물을
동물과 식물로 나누어서 부를까요?

동물과 식물은 같으면서도,
서로 다른 특징이 있기 때문이에요.

식물

동물은 스스로 영양분을 만들지 못하고,

식물은 스스로 광합성을 해서 영양분을 만들어요.

지구에는 수많은 생물이 살고 있어요.
우리가 동물과 식물을 나누어서 그 특징을
알아본 것을 '분류'라고 해요.

동물이랑 식물이 같구나!

동물

생물을 분류해서 보면 자연을 질서 있게 이해할 수 있어요.
분류를 알면 생물을 이해하기가 쉬워진답니다.

더 알아두면 좋은 지식

약 38억 년 전, 지구에 처음 생물이 탄생했어요. 처음 등장한 생물은 세포 하나로만 이루어진 '단세포 생물'이었어요. 아주 작고 단순하게 생겼지요. 그 뒤, 수십 억 년 동안 진화를 하면서 지구에 수많은 생물들이 나타났어요.

오늘날에는 얼마나 많은 생물들이 살고 있을까요? 약 175만 종이 살고 있다고 해요. 어마어마하게 많지요? 하지만 이뿐만이 아니에요. 우리가 아직 만나지 못한 동물과 식물도 아주 많답니다. 밝혀지지 않은 생물까지 약 3천만 종이 지구에 살고 있다고 추측하고 있어요. 지금도 새로이 발견하는 생물이 많아요. 생물이 발견되면 '학명', 즉 이름을 붙여 준답니다.

38억 년 전
단세포 생물

현재의 다양한 생물들

분류와 학명

지구에 살고 있는 수많은 생물들을 질서 있게 나누고 묶어 종을 연구하는 학문을 '분류학'이라고 해요. 같은 조상에서 나왔는지, 짝짓기를 해서 자손을 퍼뜨릴 수 있는지에 따라 같은 종으로 묶는 거예요. 수많은 생물을 가장 크게 분류하는 것이 '동물'과 '식물'로 나누는 거랍니다.

[덤 하나] 사람은 동물일까요, 식물일까요?

사람은 생물 중에서 동물에 속하며, 학명으로 '호모 사피엔스(*Homo sapiens*)'라고 합니다. 생물들에게 붙여 주는 학명은 전 세계 사람들이 함께 쓰고 있어요. 학명은 누가 만들었을까요? 지금부터 300여 년 전, 18세기에 스웨덴에서 태어난 과학자 칼 폰 린네는 새로운 생물 분류법을 만들었어요. 수많은 생물들을 자세히 관찰해 특징에 맞게 종류를 나누고 체계적으로 이름을 붙여 주었어요.
학명으로 호랑이는 '*Panthera tigris*', 무궁화는 '*Hibiscus syriacus*' 이지요. 학명만 보면 어떤 동물인지, 무슨 식물을 말하는지 세계인이 다 알 수 있어요.

이 책에 나온 동물들을 좀 더 자세하게 분류해 볼까요?

생물과 무생물

지구에는 생물 말고 다른 것도 많아요. 땅도 있고, 바다도 있고, 사람들이 만든 건물도 있지요. 땅, 바다, 건물을 이루고 있는 흙과 물과 금속은 모두 '무생물'이에요.
생물의 반대가 무생물이고, '생물이 아닌 것'이라는 뜻이지요.
생물과 무생물은 무엇이 다를까요?

생물
↓
동물, 식물, 미생물

*살아 있고, 숨을 쉬어요.
*물이나 먹이를 먹고 자라요.
*새끼를 낳거나 씨를 만들어요.

무생물
↓
돌, 물, 금속, 흙 등

*살아 있지 않으며, 숨을 쉬지 않아요.
*먹이를 먹지 않고, 자라지 않아요.
*새끼를 낳지 않아요.

생물과 무생물을 분류하면 헷갈리지 않고 질서 있는 목록을 만들 수 있어요.
이는 단순히 이름을 적은 목록으로 끝나지 않아요.
분류를 하면서 자연계의 생물을 보면, 자연계 전체가 어떤 질서로 되어 있는지 알 수 있답니다.

[덤 둘] 우리나라에서 처음 생물을 분류한 사람은 누구일까요?

우리나라에서도 생물을 과학적으로 분류한 사람이 있어요. 조선 시대에 정약전은 《자산어보》를 펴내면서 바다 생물을 분류해서 실었어요. 《자산어보》는 정약전이 흑산도에서 지내면서 바다 생물을 연구해 펴낸 책이랍니다. 정약전은 바다의 생물을 넷으로 나누었어요. 비늘이 있는 물고기, 비늘이 없는 물고기, 껍질이 딱딱한 게, 이 중 어디에도 속하지 않는 것으로 나누었지요.
이 네 가지 기준으로 질서 있게 분류를 하니까 바다 생물을 과학적으로 알 수 있었어요.
이러한 정약전의 방법은 린네가 생물을 분류했던 방법과 비슷하답니다.